만화로 보는
3분 철학

② 서양 중세·근대 철학편

만화로 보는

3분 철학

② 서양 중세·근대 철학편

김재훈 글·그림
서정욱 (배재대학교 심리철학상담과 명예교수) 글

PROLOGUE

우리는 철학을
왜 배워야 할까요?

인문학이 필요하다는 말은 얼마 전부터 여기저기서 많이 보입니다. 그리고 실제로 인문학의 기초나 지식을 알려주는 강의나 방송 또는 책이 유행하기도 했죠. 그런데 역사나 문학, 예술과 같은 학문에 비해 철학이라는 말은 몹시 낯설고 어렵습니다. 용기를 내서 철학책을 펼쳐보려고 해도 무슨 말인지 이해하기 어려워 덮어두기 일쑤죠.

뜬구름 잡는 어려운 소리만 말하는 것 같은 이 학문을 우리는 왜 알아야 할까요?

철학은 지혜의 학문입니다.

철학은 영어로 필로소피^{Philosophy}라고 합니다. 지혜를 뜻하는 소피아^{Sophia}와 사랑한다는 뜻의 필리아^{Philia}가 합쳐진 단어죠. 즉, 지혜를 사랑하는 학문이라는 의미입니다.

한자로 쓰는 철학哲學이라는 단어도 마찬가지입니다. 철哲이라는 글자에는 '슬기롭다'는 뜻이 포함되어 있죠.

지혜롭다, 혹은 슬기롭다는 것은 당장의 쓸모를 의미하지 않습니다. 지혜로운 마음과 슬기로운 태도는 당장 밥을 사 먹거나 은행 이자를 불리는 문제에 실용적인 해답을 주지는 않습니다. 그렇지만 우리가 어떤 역경에 부딪혔을 때 더 다른 관점을, 그리고 더 넓은 시야를 제공해줄 수 있죠.

단지 배우고 익혀서 어딘가에 써먹을 수 있는 지식이 아닌, 보다 슬기로운 길을 알아가기에 적합한 '태도의 학문'이라는 겁니다.

그중에서도 중세와 근대철학은 철학사에서 아주 중요한 의미가 있습니다.

소위 '문화의 암흑기'라고 불리는 중세시대는 다른 관점에서 보면 신앙의 시대이기도 합니다. 합리성과 논리, 이성보다 믿음이 더 높이 평가되던 시대였죠.

이 기나긴 중세시대를 지나 르네상스에서 근대의 여명까지 철학은 격렬한 전복의 시대를 경험하게 됩니다. 루터의 종교 개혁을 통해 권력을 쥐고 있던 가톨릭 교회가 뿌리부터 흔들렸고 과학자들은 그간 상식으로 여겨졌던 신앙적 지식에 일제히 반기를 들었죠.

철학 역시 격변을 맞이했습니다. 근대철학의 아버지라고 불리는 데카르트는 '이성'을 통해 인간의 주체성을 회복시켜줍니다. 데카르트를 시작으로 등장한 스피노자, 로크, 라이프니츠, 흄, 루소, 칸트, 헤겔 등 수많은 철학자들은 그간 숨죽이고 파묻혀 있던 철학을 힘차게 꽃피워내죠.

이런 철학자들은 단순히 책상 앞에 앉아 몽상을 했던 자들이 아니었습니다. 이들의 저술 등을 통해 탄생한 철학적 사유는 합리적인 사고와 논리적인 추론, 그리고 이성과 경험을 통해 새로운 세계 질서를 만들고 인간의 존재 가치를 회복하는 일에 앞장섰습니다.

다시 말해, 현대 사회를 구성하는 대부분의 가치와 제도들이 이 시대에 정비되었다고 보아도 과언이 아니죠. 따라서 중세와 근대 서양의 철학을 이해하는 것은, 곧 우리가 살아가는 이 세계를 심도 있게 이해할 수 있게 해줍니다.

뿐만 아니라 왜 세계가 지금과 같은 모습이 되었는지 보다 쉽게 조망할 수 있게 되죠. 자연스럽게 다양한 분야의 상식을 좀 더 쉽게 습득할 수 있고, 다양한 시각에서 현대의 문제들을 이해할 수 있게 되죠.

생각하되 좀 더 슬기롭게 인간과 사물을 바라보고 그러기 위한 다양한 방법들을 모색하는 것. 철학은 그런 태도에서 출발한 학문입니다. 그런데 우리는 이 철학을 배울 때 언제나 막막하고 어려움을 느낍니다.

아주 오래전부터 최근까지 숱한 철학의 거장들이 펼쳐낸 슬기로움의 행적들을 이해하기 쉽게 편안한 마음으로 훑어볼 수 있다면 얼마나 좋을까요?

처음 이런 생각을 했던 것은 대학원에서 수업을 들었을

때였습니다. 호기심과 지적 허영심이 다시 발동해 학부에서 제대로 전공을 마친 석·박사 과정 학생들 틈에 껴서 수강을 했습니다. 그런데 학기 중 두어 차례 돌아오는 발제가 이만저만한 부담이 아니었습니다. 기라성처럼 느껴지는 철학, 사회학, 인류학 전공자들의 발표에 지지 않을 방법을 궁리하다가 읽고 이해하고 정리하기에 골치 아픈 텍스트를 그림과 도해로 풀이하는 편법을 써봤습니다. 만화로 만든 발제였죠.

반응이 아주 좋았습니다. 철학을 쉽게 배우고 싶은 마음은 누구나 같습니다. 이 책은 그런 마음에서 나왔습니다.

어려운 학문이라고 불리는 '철학'의 기초를 차근차근 만화로 풀었습니다.

이 책의 주인공인 경자 씨는 철학에 대해 아무것도 모르는 평범한 사람입니다. 물론 철학을 몰라도 사는 데에 전혀 지장이 없었죠. 하지만 이 책을 통해 여러분과 함께 철학사를 차근차근 함께 배우며 사고의 폭을 넓히고 지혜에 한 발 가까워질 예정입니다.

독자 여러분도 경자 씨와 함께 이 여정을 함께 떠나봅시다.

맞아요. 그래서 중세철학자들은
대부분 신앙심 깊은 신학자들이었고,

신의 계시와 교리를 이성으로
풀이하고 정리하는데 충실했죠.

하지만 사회의식이 신 중심에서 인간으로 바뀌는
르네상스에 접어들면서 차츰
시대정신의 유행도 변모했어요.

그리고 철학은 더욱 다채로워지고,
철학자들의 고민도 깊어졌어요.

왜일까요?

인간의 삶이 복잡해서?
사는 게 만만치 않아서?

맞아요! 1권에서 배운 보람이 있네요.

그리하여 근대에는 인간과 세계에 관한
깊은 성찰을 담은 철학이 전개되었죠.

데카르트, 칸트 등 이름만 들어도 알 만한
기라성 같은 사상가들이 등장했고요.

CONTENTS

PROLOGUE 우리는 철학을 왜 배워야 할까요? 005

1 중세 유럽 사상의 아버지 :
아우구스티누스 018

2 논리로 신의 존재를 증명한 :
토마스 아퀴나스 040

3 신의 존재, 앎이냐? 믿음이냐? :
보편 논쟁 066

4 근대의 여명에 눈을 뜨다 :
합리론과 경험론 090

5 진리를 찾으려 모든 것을 의심하다 :
데카르트 108

6 자유로운 정신을 소유한 철학자 :
스피노자 130

7 인간의 관념은 태어날 때 백지 상태다 :
로크　　　　　　　　　　　146

8 모나드는 창이 없다 :
라이프니츠　　　　　　　　166

9 벼랑 끝에 선 철학자 :
흄　　　　　　　　　　　　188

10 계몽의 역설 :
루소　　　　　　　　　　　216

11 철학자라는 이름 :
칸트　　　　　　　　　　　242

12 변증법적 사유는 현실이 된다 :
헤겔　　　　　　　　　　　268

EPILOGUE　　　　　　　　294

아우구스티누스는 중세 유럽 사상사에
지대한 영향을 끼친 철학자이면서
기독교 신학의 체계를 만든 교부다.

라틴어를 사용한 사람들 중
가장 위대한 인물임에 틀림없다는
평가를 받을 정도로
탁월한 업적을 남긴 그는
397년 중년에 접어든 자신의 인생을 돌아보며
방탕했던 젊은 날의 어리석음과 잘못을 통렬히 참회한
『고백론』을 썼다.

아우구스티누스는 경험과 반성을
철학의 소재로 삼았던
성찰의 사상가였다.

북아프리카의 타가스테에서 태어난 아우구스티누스는

말 잘 듣고 온순한 타입은 아니었지만

유달리 총명했고 지적인 욕구도 왕성했어요.

집안 형편?
그리 넉넉하지 않았죠.

> 너거 아버지 뭐 하시는데?

> 고군분투하십니다.

그러나 아버지는 아들 교육에 헌신적이었고

> 돈 걱정은 나한테 맡기고, 니는 일류 대학만 가라. 알겠제?

그리스도교도였던 어머니는 깊은 신앙심으로 아들을 키웠어요.

> 일류 대학을 가더라도 신실한 믿음을 갖게 해주세요.

> 아직 가지도 않았다.

십대 중반에는 아버지의 바람대로 되는 듯했어요.
법률가가 되기 위해 카르타고에서 수사학을 배웠는데,

금세 이름난 수사학자가 되었어요.

하지만 그는 명성과 성공에 안주할 수 없었어요.

아우구스티누스의 가장 큰 고민은 선과 악에 관한 문제였는데,
처음엔 마니교에 끌렸어요.
마니교는 페르시아에서 마니라는 자가 창시한 종교로
세상을 이분법으로 보는 특징이 있었죠.

그러나 끝없는 탐구욕을 충족시키기에 마니교는 역부족이었죠.

아우구스티누스는 다시 진리를 찾아 떠났어요.

그는 믿음과 이성의 경계에서 늘 고민하고 방황했던 것 같아요.

로마에서 그는 회의주의철학을 접하게 되었는데,

회의론자들은 현실 세계에서의 진리 추구는 부질없다고 여겼어요.

인간의 이성 능력에 한계가 있다는 생각이었죠.

회의론은 아우구스티누스가 그리스도교 신학을 더 긍정적으로
바라보도록 유도한 측면이 있어요.

신의 계시를 깨닫는다는 건
어쩌면 초이성적 경험을 전제로 하니까요.

어쨌든 아우구스티누스는 다시 밀라노로 향했어요.
당시 그의 나이 서른이었죠.

그리고 그곳에서 진리를 찾는 여정의
이정표가 되어준 한 사람을 만났어요.

암브로시우스는 수사학에도 능한 철학자 겸 성직자였는데,
아우구스티누스에게 많은 영향을 끼쳤어요.

암브로시우스의 설교를 통해 기독교에 관한
이해를 키워가던 무렵 사건이 벌어졌어요.

어느 날 이웃집에서 들려온 아이의 목소리.

"집어 들고 읽어"라는 뜻의 라틴어였는데,

아우구스티누스는 그 소리를 자기를 향한 신의 계시가 담긴
특별한 음성으로 들었던 거예요.

"진탕 먹고 마시고 취하거나
음행과 방종에 빠지거나
분쟁과 시기를 일삼거나 하지 말고…."

그 일을 계기로 아우구스티누스는
육신의 쾌락에 젖어 살았던 과거를 뉘우치고 새 사람이 되었어요.

그리고 더이상 자신의 머리로만 진리를 찾으려는 시도를 중단하고
신의 권능에 귀의하기로 결심했죠.
아우구스티누스는 암브로시우스로부터 세례를 받았어요.

그 후 히포의 주교가 된 아우구스티누스가
『고백론』 집필을 필두로 써 내려간 통찰과 사유의 결과물들은

중세 유럽 사상의 근간이 되었고
오늘날까지 기독교 신학의 중요한 지침서가 되었어요.

아우구스티누스 사상의 가장 큰 특징은
자신이 겪은 인생역정을 철학의 대상으로 삼았다는 점.

그리고 신플라톤주의자였던 암브로시우스의 영향으로
플라톤철학의 골자를 신학에 차용했다는 점이에요.

암브로시우스는 이성으로 신을 이해하려고 했던,
이를테면 철학적 신학자였거든요.

아우구스티누스 역시 신앙과 철학을 통합해
올바른 신학의 체계를 세워야 한다고 생각했죠.

그리하여 진리에 이르는 방법으로 그가 제시한 것은
유한한 존재인 인간이 초월적 존재인 신을 이해하는 방법이었어요.

진지한 성찰을 통해 인간의 내면에 신이 남긴
진리의 징표를 찾을 수 있다는 생각이었죠.

그러려면 한 가지 전제를 받아들여야 해요.

본래 신은 만물을 선하게 창조했지만
인간의 자유의지로 악에 빠지게 되었다는,

하지만 신의 예정된 은혜로 진리를 추구하고 염원하는 인간에게
다시 기회가 주어진다는.

결국 선악의 문제를 기독교 신앙과
철학의 절충으로 해결한 셈이죠.

진리를 갈망하지만 도달할 수 없는 딜레마,
죄악으로 인해 겪게 되는 부조화는
행복에 있어서도 마찬가지인데,

인간은 완전한 행복을
원하지만 늘 결핍을 느끼죠?

그렇다면 결코 변하거나 사라지지 않는 행복을
얻는 방법은 뭘까요?

예정된 신의 섭리를 따라 믿음으로 진리를 깨닫는 것.

아우구스티누스의 사상을 간략하게 정리해보죠.

1.
인간은 이성의 한계를 넘어서지 못하면서도 끝없이 뭔가를 추구하는데,

2.
신의 은총으로 진리를 발견하고

3.
부조화 상태에서 벗어나 완전한 행복을 얻는다.

개인적인 경험을 내면화하고, 그 사유의 흐름을 철학의 소재로 삼아
중세의 보편적 기독교 사상을 체계화한 아우구스티누스.
유럽 사상사에서 신학이 차지하는 비중을 무시하지 못하기에
서양철학을 배울 때는 꼭 거쳐야 할 인물입니다.

중세 후반 유럽의
주된 그리스도교의 철학 사상을 일컬어
흔히 스콜라주의라고 한다.

초기의 교부철학이
플라톤 사상과 신앙의 절충이었던 것과 달리
스콜라주의자들은 좀 더
현실적 경험과 논리를 중시했던
아리스토텔레스의 사상을 적극적으로 수용했다.

가장 걸출한 스콜라철학자였던 토마스 아퀴나스는
초월적 신앙과 자연적 이성을 종합하여
그리스도교의 철학을 집대성했다.

토마스 아퀴나스는
이탈리아 나폴리에서 태어났어요.

그의 집안은 란돌프 백작 가문으로 지체가 높았죠.

가족들은 9남매 중 일곱째인
토마스에게 거는 기대가 컸어요.

주교나 수도원장 같은 교회의 고위층이 되길 바랐죠.

처음엔 부모님 바람대로 되어가는 듯했어요.

그는 착실히 신앙과 학업을 쌓아나갔는데,

토마스의 출세를 방해하는
한 가지 걸림돌이 있었어요.

토마스는 청렴한 성직자가
되고 싶었던 겁니다.

토마스는 탁발 수도회인 도미니크 수도원에
들어가기로 결심했어요.

토마스가 부와 권력을 제 발로 차버리려고 하자 부모님은 화들짝 놀라서
그의 결심을 돌려보려고 갖은 애를 썼어요.

심지어 예쁜 여자에게
토마스를 꼬드기라고 시키기도 했어요.

결국 가족들은 두 손 두 발 다 들었고

토마스는 누이의 도움으로 감옥에서 나온 다음
바라던 수도원에 들어가

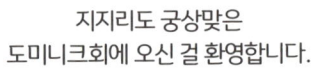

신앙과 학문에만 전념했답니다.

그러다 토마스는 자신의 철학 인생에
큰 영향을 끼친 한 사람을 만났어요.

마그누스를 통해 배운 것은
당시 지식인들 사이에서 새롭게 연구되던

아리스토텔레스 철학이었죠.

플라톤철학이 일찍이 중세 신학과 잘 융합했던 것과 달리 아리스토텔레스의 철학은 오랫동안 서유럽에 알려지지 않았어요.

플라톤 사상을 접목한 신학 사상 알죠?

아우구스티누스의 교부철학 말이군.

그런데 아리스토텔레스라면 플라톤과 함께 고대철학의 양대 축인데 왜 안 알려졌지?

6세기 초 유스티니아누스 황제 칙령으로 아테네의 모든 철학 학교가 폐쇄되면서 특히 아리스토텔레스 저작들이 사라졌죠.

배웠다는 자들끼리 싸우는 꼴 보기 싫었다. 어쩔래?

그 후로 아리스토텔레스 사상은
시리아, 페르시아, 이집트 등지를 떠돌았고,

주로 아랍 학자들에 의해 연구, 계승되었어요.

그리고 십자군 원정 무렵부터 서유럽에 다시 전해졌죠.

아리스토텔레스의 철학은 유럽의 정신세계에
큰 파장을 불러왔어요.
플라톤의 이데아 사상은
초월적 신을 설명하는 데에 유용했지만
아리스토텔레스의 철학은 모든 면에서
현실 세계의 경험과 상식을 중시했기 때문이죠.

그렇게 되자 다급해진 건 기독교 교회였어요.
안전하게 지켜져오던 기독교의 세계관이 위태로워졌거든요.

게다가 유럽에 적대적이었던 이교도들의 문화와 지적 수준이
더 우월했다는 사실도 위기의식을 부추겼죠.

그 즈음 대중사회의 지성도 중세 초기와 달리
많이 발달했기 때문에
교회도 더 이상 시대의 변화를
역행하기는 어려웠습니다.

토마스는 정면 돌파를 선택했어요.
그에게는 영민한 머리와
투철한 사명감,
그리고 거대한 체구가 있었으니까요.

토마스는 기독교 사상의 재건을 위해
이성적인 논리로 신의 존재를 증명하겠다는
지적 프로젝트를 가동시켰어요.

좀 배웠다고 신을 깔보는 풍토를 바로잡을거.

그 원대한 기획을 완성하기 위해
적극적으로 활용한 것이 뭐였을까요?

바로 아리스토텔레스의 철학이었어요.

토마스는 일단 신학과 철학을 구별했어요.

더 정확하게는 신학에서의 이성과
철학에서 사용하는 이성을 구분한 거죠.

그리고 둘은 서로를 훼손시키지 않고
상호 보완될 수 있다고 보았어요.

그래서! 아리스토텔레스의 논리 체계를 도입해서
다섯 단계로 진행한 토마스 아퀴나스의 신 존재 증명은 이렇습니다.

첫 번째, 부동의 동자로 증명.

세 번째, 필연성으로 증명.

네 번째, 완전성으로 증명.

다섯 번째, 목적론으로 증명.

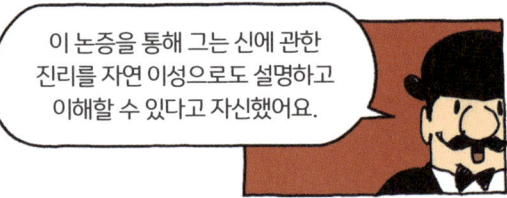

토마스는 신의 존재 증명을 포함한 자신의 사상을
방대한 저술로 남겼는데
『대이교도대전』과 『신학대전』이 대표적인 저서예요.

그는 중세의 어느 사상가보다 인간의 이성을 중시한 철학자였지만
동시에 인간 이성의 한계를 스스로 절감한 신학자이기도 했죠.

그가 증명한 존재가 꼭 신이라는 확증에는 이르지 못했으니까요.
그래서 스스로도 신학대전을 끝내
미완성으로 남긴 채 이렇게 회고했어요.

보편자로서의 신은 꼭 존재한다.

보편자는 낱말일 뿐.

신은 이성으로 따질 존재가 아냐.

보편은 개별자들을 유추한 것일 뿐이다.

신의 존재, 앎이냐? 믿음이냐?

보편 논쟁
Controversy of universal

중세 그리스도교 신학의 주춧돌을 놓은
교부 아우구스티누스.

그는 현실 세계 만물이
이데아의 모방이라고 했던
플라톤의 사상을 받아들였고
그 철학의 전통이 교회를 중심으로 이어졌다.

그러나 대학과 수도원 출신의 석학들이
발군의 지성을 드러냄과 함께
아리스토텔레스의 저작들이
본격적으로 번역·유통되면서
중세철학은 지반이 흔들리기 시작한다.

스콜라주의 지식의 전당에 몸담았던 철학자들은
수세기에 걸쳐 인간의 이성으로 진리를 규명함이
온당한가를 두고 치열하게 논쟁을 벌였다.

그런데 우리가 그냥
'인간'이라고 떠올리는
존재도 과연 있을까요?

'그냥'으로서의 존재,
그것을 보편자라고 할 때,

그런 '보편자'는
실재하는 걸까요?

중세의 철학자들은 그 문제를 놓고
크게 두 가지 견해로 나뉘었어요.

하나는 보편자가 세계에 실제로 존재한다는 주장.

반면 보편자는 말과 생각 속의 개념일 뿐이라는 주장.

상반된 두 견해를 일컬어
각각 **실재론**와 **유명론**이라고 하고,

당시 유럽의 지식 사회에서 이 논제는 매우 첨예하게 다뤄졌어요.

보편자는 곧 그리스도교의 신으로 연결될 뿐 아니라

사사로운 인간의 죄에 앞서는 원죄와도 관련된 문제였으며,

세상의 많은 교회들 중 교황이 주교로 있는 로마교회야말로 보편 교회여야 했기 때문이죠.

그래서 중세 전반기에 걸쳐 신학을 좇았던 스콜라철학은
대체로 실재론을 채택하는 경향이었어요.

11세기에 대표적으로 실재론을 주장했던
인물은 캔터베리 대주교 안셀무스였어요.

안셀무스는 창조주이자 완전한 보편자인
신이 실재함을 증명하고자 했어요.

그는 순수하게 논리적인 방법으로
신의 존재를 증명했어요.

먼저 신을 상상하는 일에서 시작합니다.

우리가 무언가를 '있다'라고 말할 때
없는 것에 대해선 말할 수 없습니다.

마찬가지로 '신'에 대해 말할 때에도
'있는 신'을 상상해 말하는 겁니다.

그러므로 우리는 '신'이라는 정의를 생각하는 것만으로도 신이 실재한다는 걸 인정하게 됩니다.

정말 상쾌한 증명이었어.

뭔가 얻어맞은 기분이 드는 걸?

단순해 보이는 이 증명의 논리적 구조는 의외로 탄탄해서

신의 실재를 부정하려면

애초에 신에 대해 떠올리는
생각 자체를 삭제해야 합니다.

당시에도 그런 식으로
반론을 제기한 사람이 있었어요.

프랑스의 수도사 가우닐로.

그는 '완벽한 섬'이라는 명제를 내세워서
안셀무스의 증명을 반박했죠.

하지만 안셀무스는 간단히 맞받아쳤어요.

가우닐로는 범주착오를 범했던 겁니다.

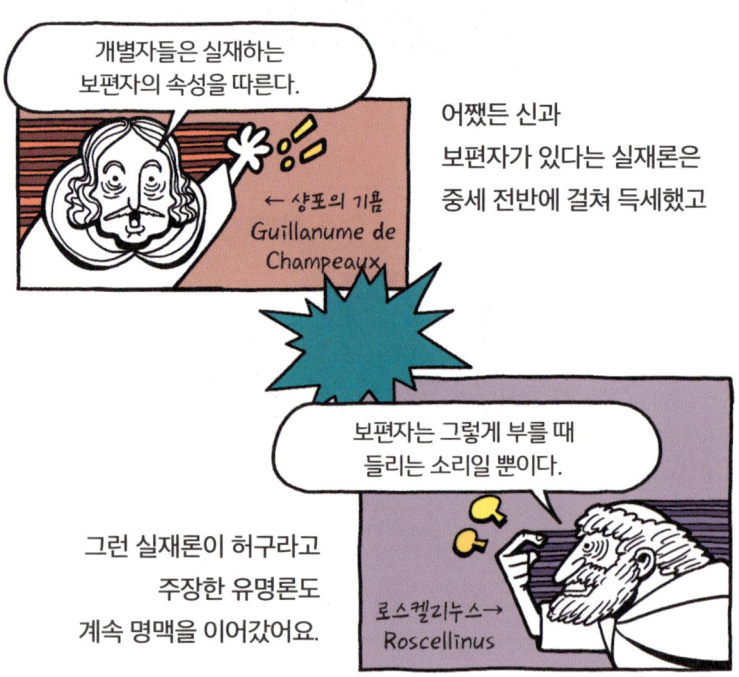

어쨌든 신과 보편자가 있다는 실재론은 중세 전반에 걸쳐 득세했고

그런 실재론이 허구라고 주장한 유명론도 계속 명맥을 이어갔어요.

그런데 중세 신학과 스콜라철학이
주류 의견으로 채택한 실재론은
플라톤의 이데아 사상에 기반한 거였어요.

반면 유명론자들은 현실에 비중을 둔
아리스토텔레스의 사상을 받아들이는 경향이었죠.

아리스토텔레스와 유사한 논지로
유명론을 펼쳤던 이들 중
주목할 만한 인물은 아벨라르였어요.

그는 보편이라는 개념과 개별 실체를
구분해야 한다고 주장하면서
심지어 그리스도교의 삼위일체마저 부정하는 태도를 보였어요.

한편 스콜라주의의 거목이었던 토마스 아퀴나스도
아리스토텔레스를 수용했는데 그는 실재론의 입장에서
자기 방식으로 신 존재 증명을 시도했어요.

그리고 동시대의 둔스 스코투스는
또 그런 아퀴나스를 반박했고요.

그들 역시 실재론자들처럼 스콜라주의 테두리 안에서
견해를 달리했던 거예요.

이성으로 초월적인 것까지
다루려 했던 실재론의 독단에 반대했던 거죠.

이성을 초월한 신의 의지와
계시에 속한 신학 영역과
이성으로 현실 세계를 탐구하는 철학의 영역.

이 둘 사이에 명확한 선을 긋고자 한 이는
오컴의 윌리엄이었어요.

오컴은 언어적 개념일 뿐인
보편에 관한 논쟁 자체가 무의미하다고 여겼고,

따라서 신을 이성으로 증명하려는 시도 또한
무모하다고 일축했어요.

신과 보편자에 관한 주제를
철학에서 분리시킨 겁니다.

합리론과 경험론

근대의 여명에 눈을 뜨다

지금도 우리는 "이성적이다"라는 표현을
긍정적으로 사용하고
"합리적이다"라는 말을
칭찬의 의미로 받아들인다.

서양의 근대에
눈부신 조명을 받으며 등장한 이성.

인간의 지적 행위 중 가장 빛나는
자질로 인정받은 이성은
도중에 경험론자들의 공박에 몸살을 앓기도 했지만
수백 년간 서양문화사의 주인공으로 남았다.

근대가 밝았어요.

흔히들 중세의 길고 어두운 터널을 지나
비로소 근대가 밝았다고 말하죠?

중세를 가리킬 때 왜
그토록 어두웠다는 걸까요?

그리고 근대를 밝힌
빛은 뭐였을까요?

중세는 정말 그렇게 깜깜한
문화의 암흑기였을까요?

회화 같은 걸 봐도 중세는 더 오래된
그리스·로마 시대보다 더 어둠침침한 색으로 그려지죠.

어떤 지식인들은 인문주의가 되살아나기까지
중세 교회의 위세가 인간 본성을
너무 억눌렀기 때문이라고도 하지만,

사실은 근대에 폭발하듯이 이루어진
지식 혁명의 불꽃이 이전 어느 시대보다
섬광처럼 빛났기 때문일 거예요.

루터의 종교개혁은
교황과 교회의 권위를 뿌리째 흔들었고.

코페르니쿠스는 천체의 회전에 관한
고정관념을 깨트렸죠.

정지하고 움직이고 떨어지는
물체의 운동 법칙을
'사고실험' 한 갈릴레오.

브라헤의 관측 자료에 담긴
우주의 비밀을 이윽고
풀어낸 케플러.

그리고 곧이어
세상이 맞이하게 될
『프린키피아』의
뉴턴까지.

그야말로 새로운 지식의 인플레 시대였죠.

그러한 대세에 물론 철학도 가세합니다.

본격적인 포문은 데카르트가 열었죠.

우리가 근대 철학의 비조라 일컫는 데카르트.
그는 인간이 스스로 진리를 찾을 수 있다는 걸 확증했어요.
중세 교회의 지배 이념 뒤에 가려져 있던 사유하는 인간의
주체성을 회복시켜준 거죠.

신학의 시녀에 머물렀던 철학도
독립적인 인간의 학문으로 자리매김했죠.
바야흐로 자신감에 찬 이성의 시대가 열린 겁니다.

그런데 머지않아 이성적 사고에 의문을 제기하는
새로운 인식론이 고개를 들었고

근대 철학은 두 방향으로 나뉘게 됐어요.

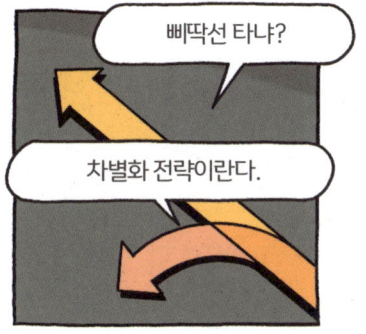

지식의 원천을 무엇으로 삼느냐에 따라
합리론과 경험론으로 나뉜 거죠.

합리론의 입장은
인간에게는 선험적인 지적 능력이 있기 때문에
그걸 통해 보편적인 원리를 찾는 것이
올바른 길이라는 주장입니다.
한편 경험론은 지식을 찾는 여정은
항상 실제적인 감각 경험에서부터
출발해야 한다는 입장을 견지합니다.

합리론자들이 경험을 신뢰하지 않는 이유는,
감각의 정도와 종류란 각 사람과 상황에 따라 달리 느껴지기 때문에
명석하지 않다는 거였어요.

반면, 경험론자들은 이성이야말로
인간이 경험하지 못한 것에 대해서도
안다고 착각하는 독단의 길로 이끌 수 있기 때문에
한계를 인정해야 한다고 비판했어요.

보다 근본적인 원리, 존재, 실체 등에 관해 고민했던
대표적인 합리론자는 데카르트, 스피노자, 라이프니츠 등이었고,

이성의 한계를 지적하고 경험을 넘어서는
사유를 부당하게 여겼던 경험론자들로는
로크, 버클리, 흄 등이 있었어요.

공교롭게도 합리론자들이 프랑스, 네덜란드, 독일 등
유럽 대륙 출신들이었던 반면,
경험론을 개진한 철학자들은 대체로
영국인들이었어요.

하지만 두 철학의 방법과 경향을
두부 자르듯이 딱 구분할 수 있을까요?

둘 다 인간과 세계에 대해 진지하게
고민했다는 점에서는 서로에게 뒤지지 않았고,

신의 계시나 관습적 권위에 의존하지 않고
인간의 인식능력을 표준으로 삼은 점에서
근대의 철학자들은 모두 합리적이었다고 봐야 하며,

관찰과 실험 같은 과학적 방법론을
도외시하지 않았다는 면에서는
모두 다 경험적이었다고 볼 수 있어요.

> 나는 생각한다, 고로 존재한다 그 말이여.

진리를 찾으려 모든 것을 의심하다

데카르트
Rene Descartes

1596 - 1650

유럽 사람들은 근대로 넘어 오면서
이전보다 더욱 합리적으로
자연과 세계를 이해하게 되었고
그로 인해 과학 문명을 발달시킬 수
있게 되었다.

그 무렵 철학 분야에서 인간이 이성을
사용해서 세계를 해석하는 방법을
종합적으로 제시한 철학자가 바로 데카르트다.

그래서 흔히들 데카르트를 일컬어
근대철학의 아버지라고 부른다.

그 당시는 지구가 태양 주위를 돈다는 식의
새로운 생각과 주장이 박해받았던 시절이었어요.
갈릴레오 갈릴레이 알죠?

시대가 그렇다 보니 총명한 데카르트가
구식 학문을 가르치는 학교에 순순히 적응할 리가 없었겠죠?

왕족이나 귀족은 아니었지만 그래도 꽤 높은 지방 관료였던 아버지 덕에
데카르트는 명문 사립학교에 다닐 수 있었죠.
중세 신학 위주의 스콜라철학을 가르치는 고리타분한 학교였어요.
당연히 데카르트는 싫증이 났어요.

데카르트는 왜 그토록 학교 공부를 지루해했을까요?
그리고 당시 학교에서 교재로 삼았던 책들과
기존 학문의 내용들을 왜 그렇게 못 미더워했을까요?

정답을 맞춰보세요.

A. 데카르트는 원래 부모님 말 안 듣는
   못된 녀석이었기 때문
B. 공부보다 게임을 더 좋아했기 때문
C. 새로운 시대와 과학의 발전에 비해
   기존의 학문은 낡은 것이었기 때문

하지만 과거의 사상과 지식에 실망했다고 해서
데카르트가 무턱대고 의심만 하고
공부에 체념했던 것은 아니에요.
분명하고 확실한 진리를 얻기 위해
데카르트는 자신만의 새로운 학문의 원칙을 세웠어요.

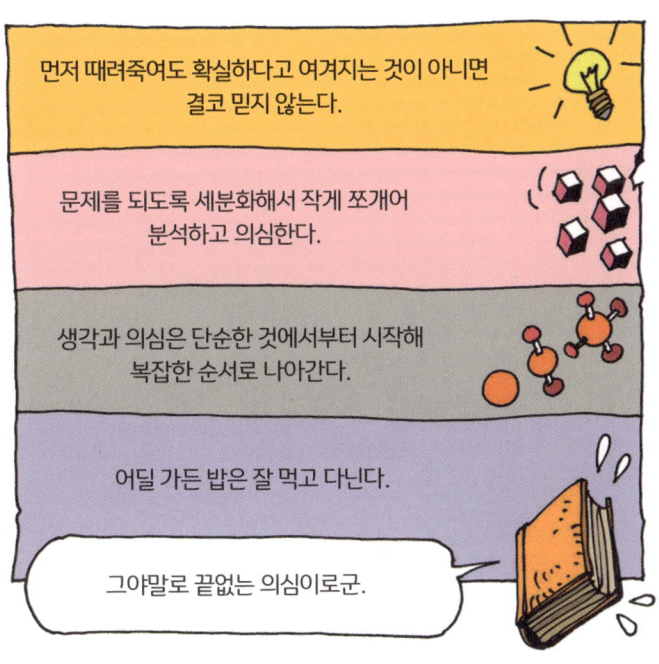

먼저 때려죽여도 확실하다고 여겨지는 것이 아니면 결코 믿지 않는다.

문제를 되도록 세분화해서 작게 쪼개어 분석하고 의심한다.

생각과 의심은 단순한 것에서부터 시작해 복잡한 순서로 나아간다.

어딜 가든 밥은 잘 먹고 다닌다.

그야말로 끝없는 의심이로군.

이 원칙에 입각해서 데카르트는 여러 곳을 여행하기도 하고, 전쟁터를 떠돌기도 하면서 이전까지 사람들이 별 의심 없이 받아들였던 모든 것들을 다시 생각하고 의심하면서 깨트려 나간 것이지요.

"참 힘들게도 사셨네."

제일 먼저 의심의 대상이 되었던 건
상식, 전통, 관습 같은 것이었어요.
시대와 지역에 따라 달리 여겨지는 것들 말이에요.

그 다음에는 인간의
감각을 의심했어요.

심지어 수학적 공리도 의심했어요.

내가 지금 의심이라는 걸 하고 있다는 바로 이 사실!
의심하고 있는 내가 있다는 사실!
어떤 경우에도 내가 지금 생각하고 있다는 것 만큼은
의심의 여지 없이 분명한 거잖아!!

데카르트는 오랜 의심 끝에 찾아낸 그 확실한 한 가지 진리로 이제 모든 학문의 체계를 새롭게 정리하겠다고 결심했어요.

세상을 밝히는 참다운 학문을 올바르게 세우기 위해 굳건한 토대로 삼은 철학의 제 1 원리! 그것이 바로 이 유명한 한마디예요.

나는 생각한다.
고로 나는 존재한다.

확실한 믿음이 하나가 생기자
그 다음부터는 모든 게 술술 풀렸어요.

데카르트의 철학에서는 무엇보다
인간의 정신과 이성을 중요시해요.

사물이나 자연, 동물들에게는 없는 **정신**을 가진
유일한 존재인 인간이 세계를 관찰하면서
계속 진리를 탐구해야 하니까요.

덕분에 전에 없던
무거운 책임감이
생긴 듯 하네유.

동물도 생각이 있냐고요? 데카르트는 아니라고 봤어요.
생각은 오직 인간한테만 있는 것이라고요.

그리고 데카르트는 인간이 이성으로 올바른 생각을 하고
명석한 판단을 내릴 수 있는 이유는
신으로부터 이성을 전해 받았기 때문이라고 믿었어요.

데카르트의 철학에도 역시 한계가 있긴 해요.
대표적인 것 두 가지는,

먼저 세상을 인간의 정신과 외부 세계 둘로 분리시켜서
정신이 아닌 모든 것들을 기계처럼 취급했다는 점,

생각하는 내 사유,
그 밖의 나머지 것들..

그리고 인간의 정신을 높이기 위해서 그것이 또 결국에는 신으로부터 받은 것이라는 중세적 생각의 틀에 머물렀다는 점이에요.

사유 능력은 신으로부터

하지만 데카르트는 근대 이전 시대에
신의 뜻과 계시에 의존해서 생각하고 세계를 바라보던 인간이
스스로 자신의 이성을 통해 사유할 수 있도록
지식과 학문의 토대를 다졌다는 점에서
매우 위대한 철학자임이 분명해요.

자! 그럼 데카르트의 철학을 좀 어려운 용어로 요약해볼까요?

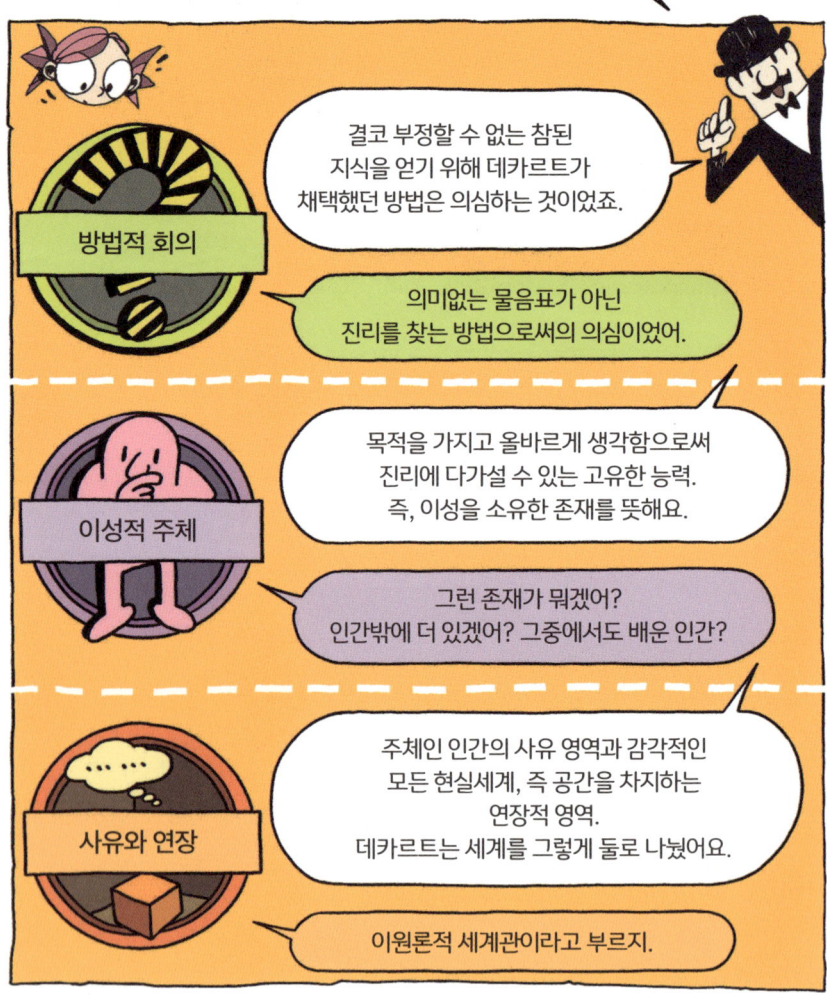

스피노자는 별종이라는 말이 딱 어울리는 철학자였다.

신은 곧 자연이라는 독특한 생각을 바탕으로
세상과 인간의 삶을 새롭게 해석하였고,
그 바람에 자신이 속했던 사회로부터 배척당하고
동시대의 숱한 학자들로부터 경멸과 저주를 받았다.

그래도 그는 끝까지 소신과 자유로운 정신을 향한
의지를 굽히지 않았다.

지역 사회에서 꽤 성공한 아버지는 스피노자가 자라서 유대인 사회의 정신적 지도자인 랍비가 되길 바랐어요.

하지만 스피노자는 유대 경전뿐 아니라
여러 철학과 과학에도 관심과 열의를 보였어요.

그러면서

아버지의 기대를 저버리게 되었어요.

당시 유대인 공동체는 물론
기독교 사회에서도 받아들일 수 없는 생각이었죠.

스피노자가 생각한 신은 세상과 따로 있는
초월적인 존재가 아니라 자연과 동일한,
그 자체로 세상이 되는 존재였어요.
자연은 스스로 창조하고 창조되는 하나의 큰 신이란 거죠.

자! 보라고. 자연은 두 가지 면이 있어.
늘 변하는 측면과 결코 변하지 않고 언제나 그대로인 모습.
그중에서 생성, 소멸, 변화를 겪으며 끊임없이 창조되는
자연을 **소산적 자연**(Natura Naturata)이라고 하자고.
반면 변하지 않고 스스로 존재하는 자연의 모습은 어떤 걸까?
바로 변화의 원리와 법칙 같은 거지. 이치나 섭리랄까?
그런 자연은 **능산적 자연**(Natura Naturans).
그렇다고 자연이 두 가지라고 오해하진 마.
하나인 자연의 두 면일 뿐이야.

스피노자는 하나의 실체 속에
내적 원리인 **사유**와 세상에 존재하는 **연장적 형태**가
모두 포함되어 있다고 주장했어요.
자연이 그런 것처럼요.

그럼 세상에 존재하는 것들 모두가 신일까요?
맞아요. 스피노자는 세상이 온통 하나의 신이라고 주장했어요.
모습과 존재하는 방식이 다양한 것은
신이 여러 다른 모습으로 표현되어
존재하기 때문이라고 봤어요.
그리고 그 다양성을 양태라고 불렀어요.

스피노자는 인간 역시 신과 동화하는 자연의
일부라고 보았기에 인간의 삶 또한
자연이 나아가는 정해진 경로를 따른다고 생각했어요.
세계의 모든 일은 필연적이라는, 이른바 결정론적 세계관이죠.

세계의 모든 것들은 총체적 자연,
즉 신의 필연적 법칙에 따라 존재하는데,

그 사실을 알아차리는 것과,
내다볼 순 없지만
정해진 운명 안에서 소임을 다하는 것이

곧 자유를 구가하는 삶의 태도라는 것이죠.

삶에 대한 생각과 태도가 남달랐던
스피노자는 돈과 지위, 명예에 관해서도
범상치는 않았어요.

하이델베르크 대학이 제안한 정교수직도
'숙고 끝에 거절'하고 안경 렌즈를 연마하며 생계를 꾸렸어요.

존 로크는 근대 시민혁명 과정에
이념의 단초를 제공한 선구적인 정치사상가였다.

천부인권과 만민평등을 주장한 그의 이상은
영국 현실 정치에서 명예혁명을 통해
권리장전과 의회 민주제 확립으로 성취되었다.

또한 그는 인간 이성으로 세상 모든 진리를
다 알 수 있다고 자신하던
이성 중심 철학 사조에 제동을 걸며
근대철학사에 **경험론**이라는
또 하나의 기둥을 세운 철학자였다.

우리가 배우는 과학에도
물리, 화학, 생물 같은 과목들이 있죠.

철학도 주로 다루는 문제 영역에 따라
여러 갈래로 나뉘어요.

행위와 도덕의 본질을 파고드는 **윤리학**.

아름다움의 정체를 탐구하는 **미학**.

가장 알쏭달쏭한 질문에 매달리는
존재론 등이 있죠.

세계를 해석하는 인간의 지식이
어떻게 가능한가에 관한 문제를
다루는 철학인 거죠.

서양 근대철학 초기에는
인식론에 비중을 두는 경향이었어요.

당시 유럽의 지식 사회는
꽤 고무된 상태였거든요.

괄목할 만한 과학적 발견들이
연이어 등장했고,

데카르트가 힘을 실어준 이성을 통한
합리적 사고가 각광을 받던 시절이었어요.

그 무렵, 기세 좋던 합리론에 반기를 들며
이성의 자질을 문제삼고 나선 철학자가 있었어요.

바로 이 장의 주인공인 존 로크였죠.

로크는 대표적인 합리론자였던
데카르트의 견해를 논박했지요.

데카르트가 지적 활동에서
역할 1순위에 두었던 이성.

로크는 그 이성의 한계와
허점을 지적했어요.

인간이 본래부터
갖고 태어나는 관념이죠.

그래서 **생득관념**이라고도 하는데,
데카르트 같은 합리론자들이 지식의
원천으로 삼은 것이에요.

예를 들면 이런 것들이죠.

그런데 로크는 그런 모든 관념들은
타고나는 것이 아니라고 주장하면서,
인간은 감각 경험이 선행되지 않은 본유관념을 가질 수 없다고 했어요.

간단한 것부터 복잡한 것까지
지식의 재료가 되는 모든 관념은
경험을 통해 얻는 것이라는 입장이었던 거죠.

태어날 때 인간의 관념은 백지상태라고 해서
로크는 '무엇도 쓰여지지 않은 석판'이라는 뜻의 라틴어로
타불라 라사라는 이름을 붙였어요.

거기에 경험으로 얻는 지식과
관념들을 새겨나간다는 견해인 거죠.

감각을 통해 수동적으로 받아들이는 단순관념.
그리고 단순관념들을
능동적인 지적 경험을 거치게 해서 얻는 복합관념.

지식의 원재료가 되는
단순관념들을 가지고

결합하고 비교하고
추상함으로써

새로운 복합관념을 만드는
지식 쌓기의 메커니즘인 거죠.

그런데 로크는 여기서 문제에 봉착했어요.

같은 대상이라도 사람들은 각자의 주관과 상황에 따라 달리 받아들이기도 하잖아요?

이 문제를 해결하기 위해 로크는
사물의 성질을 또 두 가지로 나눴어요.

많이 배운 자들은 나누는 걸 좋아해.

먼저 어떤 상태에서나,
또 누구에게나 같은
감각 정보를 주는
사물 자체가 지닌 성질들.

한편, 물체에 내재해 있지 않아서
감각의 주관에 따라
다양하게 느껴지는 성질들.

그렇게 대상과 일치하는 걸 '1차 성질'로,
그에 비해 불확실한 걸 '2차 성질'로 규정했어요.

"네가 나보다
못났다는 건 아냐."

"자격미달
이란 거지."

"그럼 뭔데?"

"더 나쁜 걸?"

로크는 참 지식을 가능케 하는 1차 성질이 어찌나 맘에 들었던지 데카르트의 본유관념도 부럽지 않은 멋진 이름을 붙였어요.

합리론자인 데카르트가 인간 내면의 타고난 이성을 신뢰했다면, 경험론자인 로크는 외부 대상의 본성에 주목했다고나 할까요?

로크는 정치사상가로서도
근대사에 의미 있는 족적을 남겼어요.

개인의 자유와 인권을 억압하는 종래의 왕정을 부정한 그가
민주주의로 나아가야 할 근거로 내세운 것이 **자연법사상**이죠.

왕권신수설 따위나 내걸면서 군주가 국민 위에 군림하는 왕정체제는
로크가 보기에, 사람 세상에 해악을 끼치는 악랄한 제도였던 거예요.

그가 제일 바람직하게 생각한 국가 형태는
국민을 대표하는 입법기관이
중추의 역할을 맡는 것이었어요.

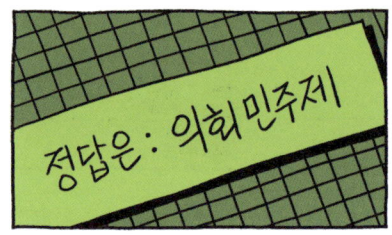

또한 국민의 자유와 재산을
보호해야 할 국가 대표자가 본분을 망각할 경우에는,

언제라도 그 권한을 몰수할
혁명권이 국민에게 있다고 주장했어요.

라이프니츠는 근대철학사에서
대륙합리론의 정점에 선 철학자로 평가된다.

데카르트가 죽기 4년 전에 태어난 라이프니츠는
동시대를 살았던 로크를 필두로 하는
영국경험론에 의해
합리론과 이성이 논박을 당하는 광경을 보며
이성에 입각한 형이상학의 정초를
다시 세우겠다는 야심 가득한 기획을 하였다.

그는 앞서간 합리론 철학자 데카르트와
스피노자가 규정해놓은 실체에 관해,
"세계가 무수하게 많은 실체들로 이루어졌다"라는
새로운 주장을 전개하면서
그것에 **모나드**라는 이름을 붙였다.

한 사람은 자연철학과 형이상학, 논리학, 생물학, 의학 등
고대로부터 중세까지 이어졌던
보편 학문과 세계관을 구축했던 아리스토텔레스.

홉스, 데카르트, 파스칼, 스피노자, 로크 등
인문 철학자들뿐 아니라

보일, 훅, 하위헌스, 뉴턴 등
위대한 과학자들의 시대이기도 했거든요.

근대 합리론의 정점에 섰던
철학자로 평가되는 그는

현대 컴퓨터의 맹아라고 할 수 있는
자동 연산 계산기를 발명했으며,

컴퓨팅 언어의 기초가 되는
이진법 체계를 고안하기도 했어요.

뿐만 아니라 가장 우아한 수학 개념이라는
미적분을 창안해서

뉴턴과 원조 논쟁을
벌이기도 했지만,

오늘날 계산에는
라이프니츠의 표기법이 사용되고 있죠.

라이프니츠가 자신의 철학 이론을 전개할 당시
유럽의 지식사회는 상반된 견해로 나뉘어
논쟁을 벌이고 있었죠.

라이프니츠는 기본적으로 합리론의
입장이었지만,

그렇다고 경험론을 아예
묵살하지만은 않았어요.

그는 또 데카르트와 스피노자의
실체에 관한 견해도 비판했는데,

'실체'란 건 이렇듯 철학에서
참 난해한 주제랍니다.

실체는 다른 어떤 것에도 의존하지 않고
어떤 힘에도 영향 받지 않으며
독립적으로 존재하고 운동하는 걸 의미해요.

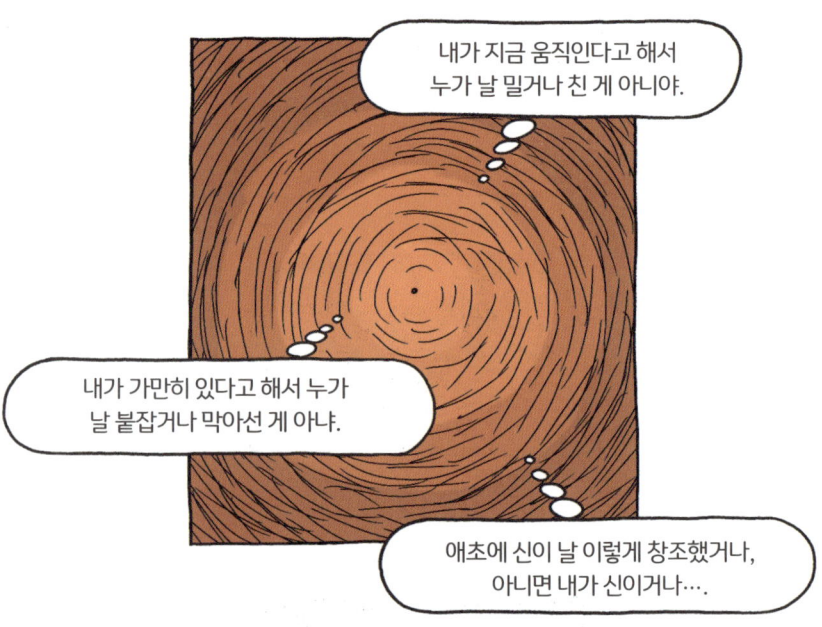

경험론자들보다는 합리론자들이
이 모호한 개념에 더 천착했는데,

데카르트는 인간의 사유와 물질의 연장성이라는
두 개의 실체가 있다고 했고,

스피노자는 자연,
즉 신이라는 하나의 실체를 상정했어요.

그런데 라이프니츠는 실체가 연장성을 띠는
물질일 수 없다고 생각했으며,

실체라면 더 이상 분할될 수
없는 궁극적인 존재여야지.

세계는 하나의 실체에서 파생된 것이 아니라
각각의 실체들로 차 있다고 했죠.

모든 개별 존재들은 저마다의
실체들을 갖고 있어야지.

해에게는
해의 실체

이 자에게는
이 자의 실체

식물에게는
식물의 실체

내게도?

나한텐 아주
야릇한 내면이 있지.

어쨌든 라이프니츠는 자신이 정의한
그 실체에 이름을 붙였어요.

그러니까 우주를 구성하는 모든
물질과, 입자, 원소, 그리고 유기체들은 제각각 고유한
특성을 가진 모나드들로 이루어져 있다는 거예요.

만물에 내재해 역동하며
우주를 변화시키는 힘.

모나드는 자체적인
욕구와 지각을 가지는데,

그런 자기 의식의 정도에 따라
차츰 단계가 상승합니다.

각각의 모나드들은 상호간에 영향을 받지 않고
영향을 주지도 않으면서
순수한 내적 요인으로만 존재한다는 건데,

그렇다면 인간은 어떻게 외부 세계와 관계하면서
대상을 인식할 수 있는 걸까요?

라이프니츠는 세계에서 벌어지는
모든 운동과 사건들은 이미
예정된 것이라고 설명합니다.

모두가 필연이고 합목적적이야.

이름하여
예정조화론!

우연, 혹은 인과적으로 관찰되는
모든 것들이 신의 의지에 의해
합당하게 창조되었다는 거죠.

이 모든 건 우연이 아니니까~

우리가 신뢰할 수 있는 지식은 오직
직접 경험을 통한 것이어야만 하고
이성이 추론하는 보편타당한 실재를
신뢰하지 않는 것이 경험론이라면
흄은 경험론의 입장을 가장 확고하게
막판까지 밀어붙인 경험론의 끝판왕이었다.

주변 친구들과 사교계 인사들로부터
'사람 좋은 데이비드'라 불릴 정도로
후덕하고 원만한 외모와 성품을 가진 흄은
인간의 지성과 의식을 탐구 대상으로 다룬
자신의 인간학과 인식철학에 있어서는
지독하리만치 비판적인 회의론자였다.

근대철학의 경계, 그 벼랑 끝에
한 철학자가 깊은 회한에 잠긴 채 서 있습니다.

*주의: 이 장면은 실제가 아닌 만화적 연출입니다.

그는 일찍이 지식 체계를 바로 세운다는
학문적 기획에 착수했지만,

탐구를 하면 할수록 인간의 인식에
큰 결함이 있다는 사실만 발견했고,

자명하고 필연적인 것은 어디에도 없다는
허망한 결론에 이르게 된 겁니다.

데이비드 흄. 그는 서양철학사에 경험론자,
그중에서도 가장 지독한 '회의론자'로 기록된 철학자입니다.

맞아요. 인간의 지적 능력,
즉 이성이 바로 의심의 대상이었죠.

흄의 의심은 과거 데카르트가 했던 것과
비슷한 의도와 방법으로 출발했어요.

하지만 결과는 아주 딴판이었죠.

열두 살에 에든버러 대학 법학부에 입학했는데,

법학자가 되리란 가족의 기대와 달리
그는 문필가, 철학자가 되고 싶었어요.

철학, 인문, 역사, 자연학 등
많은 분야에서 엄청난 양의 책을 탐독하면서,

타고난 면학 기질로 학문에 취해 지낸 탓에
신경쇠약에 걸릴 정도였어요.

문필가 지망생답게
안정된 직업을 갖지 못한 채 살다가

얼마 정도의 유산을 받게 되자
곧바로 프랑스로 떴죠.

그곳에서 작심하고 4년에 걸쳐
자신의 철학을 담은 책을 썼는데,

내심 기대했던 첫 책에 대한
세간의 반응은 아주 철저한 무관심이었어요.

오히려 마흔 살이 되어, 대학 도서관 사서로 일할 때
『영국 역사』라는 책을 썼는데,

그 책이 일약 베스트셀러가 되어
부와 명성을 안겨줬죠.

그 바람에 전에 썼던 철학 서적도
주목을 끌게 되면서

뒤늦게 그의 철학을 접한
지식사회는 놀라움을 금치 못했답니다.

흄은 인간의 지각을
두 가지로 구분했어요.

인상은 대상을 직접 보고,
느끼는 생생하고 뚜렷한 경험인데 비해,

관념은 그 인상을 기억하고 분석하고 해석한 결과로,
인상보다 덜 선명하죠.

그런데 우리는 관념을 형성하는 과정에
회상과 더불어 상상력을 더하기도 합니다.

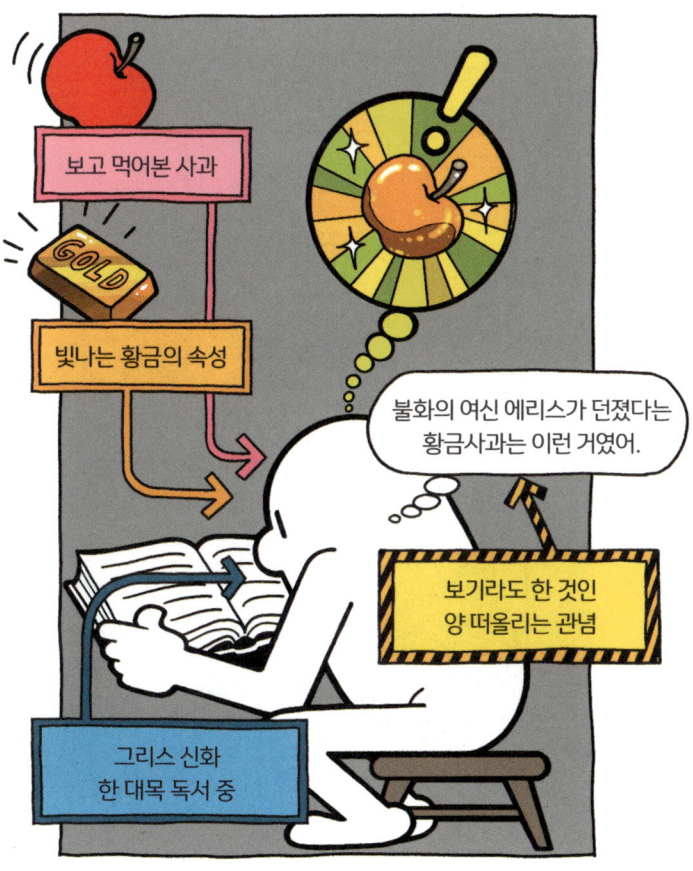

이처럼 우리가 관념을 결합할 때는
세 가지 원리를 따르는데,

유사성은, 하나의 생각과
유사한 다른 사고로 옮겨가는 원리.

인접성은, 시공간에서 인접한 것들을
관련시켜 떠올리는 원리.

인과성은, 연결되어 일어나는 사건을
원인과 결과로 파악하는 원리죠.

흄은 자신의 이 지각 이론에 이성을 지녔다는
인간의 자아를 적용해보았어요.

그래서 내린 결론은,

왜냐하면 우리는 자아를
개별적인 지각들로만 경험할 뿐인데도

낱낱의 지각들을 연결시킴으로써
동일한 자아가 존재한다는 환상을 갖는다는 겁니다.

그럼에도 우리가 자연스레 자아의 존재를 믿는 것은
본능적 경향성 때문이죠.

이 원리를 자아뿐 아니라 외부 대상과
사물의 존재 인식에도 적용해봅니다.

결론은 마찬가지로
우리가 자명하게 믿는 대상의 존재 역시
경험한 인상들의 묶음에 불과하다는 것.

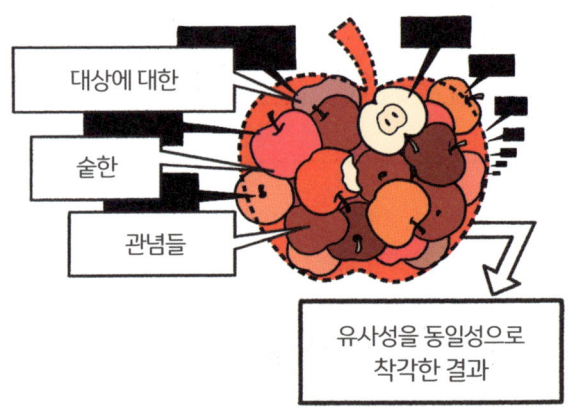

흄은 거기서 멈추지 않고
과학에서도 불문율로
여기는 것마저 건드렸어요.

다름 아닌, 인과율이었죠.

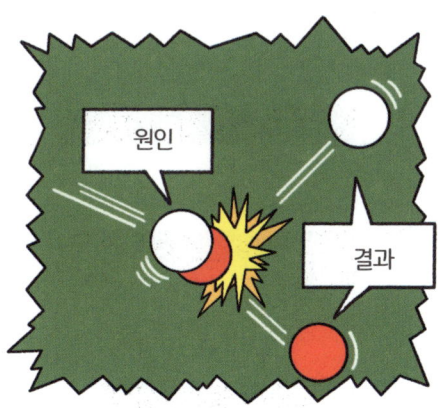

인과율은 뉴턴의 운동 법칙을 포함한
자연계 해석에 기본이 되는 원칙 아니겠습니까?

그럼에도 흄은 인과율 또한 시간차를 두고 벌어지는
두 사건을 반복적으로 관찰함으로 생긴 습관일 뿐,

그리하여 흄은
지독한 회의론자가 된 것입니다.

이제 흄에 의해

인간의 자아도,

사물의 존재도,

지식의 버팀목이었던
인과율도 허물어져버렸습니다.

철학은 파국을 맞이한 겁니다.

물론 흄이 인과율을 지식의 영역에서 아예 삭제하고
이성을 완전히 폐기하자고 주장한 건 아닙니다.

그는 단지 경험으로 지식을 쌓는 현실에서
인간은 이성보다 본능과 습관에 더 많이 끌린다는 걸 밝히고,

세상 이해의 만능이라고 자신만만하던
이성의 독주에 제동을 걸고자 한
의도였을 겁니다.

루소는 문제적 인물이었다.

계몽사상이 유행하던 18세기를 살면서
계몽의 폐해를 경고했고,

시계처럼 일과 시간을 준수했던
칸트의 일상마저 잠시 멈추게 했다는 책
『에밀』로 아동 교육의 방향을 제안했지만
정작 자신의 다섯 아이들은
망설임 없이 고아원에 보낸 모순적 인물이었다.

프랑스 혁명의 정신 유산인
「인간과 시민의 권리 선언」의 토대가 된
자연법사상을 전개하면서
개인의 의지보다
언제나 일반의지가 앞선다는
다소 위험한 주장을 펼쳤다.

말 그대로 '밝게 비춘다'는 뜻의
계몽사상이 만개하던 18세기.

프랑스 디종 아카데미는
1750년 학술 논문 공모전을 열었어요.

출제된 주제는,
"학문과 예술의 부흥이 도덕 향상에 기여했는가?"

그 무렵 잡지에서 우연히 공고를 본
한 청년이 회심의 미소를 짓는데….

서른일곱 나이에 변변한 직장도 없이
문화계를 기웃거리던 반 백수 한량,

하지만 그 공모를 발판 삼아
곧 지식 문화계의 일약 스타가 될 위인이었습니다.

장 자크 루소!
1712년 도시국가였던 제네바에서
시계공의 아들로 태어난 그는

생후 며칠 만에 어머니를 여의었고,

열 살 무렵 형과 아버지마저
집을 떠나는 바람에

질곡의 성장 과정을 겪어야만 했어요.

다니던 학교도 중도에 그만두고

딱히 배운 기술도 없이
몸 둘 데도 못 찾고 방황했어요.

그렇게 떠돌다 가게 된 곳이 프랑스.
거기서 평생의 은인이 된 바랑 남작부인을 만났죠.

파리에서는 디드로 같은
계몽사상가와도 교류했답니다.

그렇게 문화계 주변을 어슬렁거리던 어느 날

섬광처럼 그의 눈에 들어온 논문 공모를 만나게 된 겁니다.

루소의 논문은 주최측의 예상을
한참 벗어난 획기적인 것이었어요.

애초 공모의 취지는 계몽이 일군 성과를
좀 더 적극적으로 점검해보자는 목적이었는데,

루소는 아예 문명과 계몽 자체를
통렬하게 비판하고 부정했어요.

계몽사상이란, 앞선 17세기에
약진한 과학과 철학에서의 지적 성취를

대중사회로까지 확대하자는
진보적 사상 조류였는데,

프랑스에서는 볼테르,
몽테스키외 같은 이들이 선도했죠.

그들은 지식, 학문, 예술의
진보를 칭송했어요.

그런데 루소가 그 자신감에
찬물을 끼얹은 겁니다.

루소는 예술과 학문이
사치와 나태, 불평등, 부패를 초래했으며,

인위적인 문화가 오히려 인간 본연의
선량함을 타락시켰다고 주장했어요.

그런데 디종 아카데미는
루소의 논문을 1등으로 선정했답니다.

그 일을 계기로 루소는 하루아침에
지식사회와 문화계의 아이돌이 되었어요.

자연 상태나 자연법에 관해서는 루소보다 먼저 이야기한
다른 사상가들이 몇 명 있죠.

홉스는 자연 상태를 극복해야 할
야만적이고 부정적인 상태로 규정했고,

로크는 긍정적이긴 하지만
다소 불편한 상태로 설명했어요.

하지만 루소는 더없이 낭만적인 입장에서
자연 상태를 바라봤는데,

그 순수하고 이상적인 상태를 루소는
'고귀한 야만'이라고 표현했어요.

그리고 자신의 생각을 딱 한마디에 담아 세상을 향해 던졌어요.
그 말은 이성을 과신하며 내달리던 지성계에 울린 경종이었고,
부여받은 선량한 성품을 보존하라는 근대인을 향한 조언이었습니다.

"자연으로 돌아가라"는 말로 함축되는 루소의 사상은
1754년에 또 한 번 발표된 논문 「인간 불평등 기원론」과

모든 계급의 자유, 평등, 인권을 주장한 『사회 계약론』과

그리고 교육철학을 담은 소설 『에밀』 등에
일관되게 흐르고 있습니다.

도덕에 앞서 순수하게 선한 자연인들이
완전하게 평등하게 사는 그런 상태가 어디 있겠어요?

다만 루소의 입장은 원초적으로 자유와 평등을
구가해야 할 인간의 삶이
무엇으로 인해 불평등해졌는지
근원을 따져봐야 한다는 거였죠.

루소가 문제 삼은 건
자연적, 신체적 불평등이 아닌

사회적 불평등이었어요.

그러한 불평등은 사유제를 용인하고 빈부의 차이를
고착시키는 제도와 법률에서 기인한다는 겁니다.

그래서 루소는 정치적 권리와 더불어
경제적 평등을 실현하도록 힘써야 한다고 주장했어요.

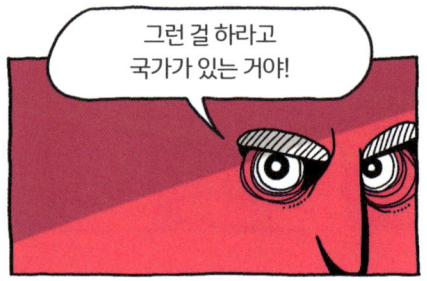

다른 사람을 살 수 있을 정도로 부유해서도 안 되고,
자신을 팔아야 할 정도로 가난해서도 안 된다는 거였어요.

루소는 인간이 공동체의 일원으로서
일반의지의 실현을 추구해야 한다고 했어요.
일반의지란 사적인 의지보다 우선하는 것으로,
항상 옳은 것이죠.

그의 교육철학의 담은 『에밀』에서도
아동이 지닌 자연인의 품성을 유지하는
이른바 '소극적 교육'을 강조했는데

섣부른 교훈이나 지식을 주입하지 말고
천성을 잘 길러주면

자연스럽게 일반의지를 깨닫는
건강한 시민으로 자란다는 겁니다.

일상을 시계처럼 관리했다는 칸트가
『에밀』을 읽는 동안
산책 시간을 잊었다는 일화가 유명하죠.

> 나의 철학적 성과는 코페르니쿠스적 전회야.

> 밖에 있던 진리의 기준을 안으로 들여놓았거든.

철학자라는 이름

칸트
Immanuel Kant

1724 - 1804

서양 근대철학은 데카르트로 시작해서
칸트에 의해 완성되었다고 잘라 말해도,
그 표현에 토를 달 사람이 거의 없을 거다.

근대철학뿐 아니라 인류 지성사를 수놓았던
수많은 사상가들 중
칸트보다 더 우리에게 익숙하게
각인된 위인이 있을까?

그가 56살 다소 늦은 나이에 발표한
『순수이성비판』은 지금까지도
철학 영역에서 가장 큰 영향력을 과시하며
유유히 존재감을 이어가고 있는
불멸의 역작이다.

칸트라는 이름은, 그 자체로
철학이라는 이름과 동격이다.

고대의 지적 선구자들로부터
시작된 근원적인 물음.

끊임없이 자문하며 진리를 갈구했던 열망은

중세에 와선 한동안 신학의 그늘에서
잠자듯 안식을 취하는 듯했죠.

그러나 곧 근대의 여명에
다시 기지개를 켜며 깨어난 인간의 이성은

과학과 지식, 사회혁명의 주역으로 종횡무진 하다가

곧이어 나타난 경험론의 반박에 부딪히는 바람에

참된 지식의 근원을 두고 펼쳐진
치열한 공방에 휘말렸어요.

그러다 급기야 강력한
흄의 회의론을 한 방 맞고서,

이성은 치명상을 입은 채로
형이상학의 폐허 위에 쓰러져 있었답니다.

그 때 총총 빛나는 별 같은 눈과
엄격한 양심을 마음에 품은 한 남자가 다가와
이성을 일으켰어요.

남자의 이름은 임마누엘 칸트.

그는 무너진 형이상학을 재건하고

기진맥진한 이성을 회복시키는 일이
자신에게 주어진 사명임을 알았어요.

칸트는 철학의 위기를 초래한 원인을 조사하고,

이성의 자질과 본분을 면밀히 따져본 다음,

"인간이 무엇을 어떻게 알 수 있는가?"란 물음에 답한 책을 내놓았어요.

칸트가 『순수이성비판』에서
가장 역점을 두고 고민한 건,

일단 **선험**이란 건 경험하기 전의,
그러니까 경험 없이도 알 수 있는, 그런 뜻이겠죠?

라틴어로
"아 프리오리"

반대 개념은 경험적이라는 말 대신 **후험적**이라고도 해요.

"아 포스테리오리"

1은 **분석판단**이라고도 하는데,
주로 합리론자들이 사유하는 방식이며

2는 **종합판단**으로
경험론자들이 세계를 인식하는 방법이죠.

칸트는 상반된 두 가지 인식 방법이 지닌 결함을
이런 말로 지적했어요.

그래서 필연적이면서 동시에 지식도
창출할 수 있는 인식의 가능성을 제기한 겁니다.

칸트가 예로 든 선험적 종합판단은
수학, 기하학의 명제들이었어요.

이런 명제들은 주어에 담긴
정보들을 종합해서 얻는 지식이며,

또 일일이 경험하지 않아도
알 수 있기 때문에 선험적이죠.

그리고 칸트는 우리의 감각과 지성이
외부 사물을 인식하는 과정에서
선험적인 요소를 발견하고자 합니다.

데카르트 이후로 줄곧 많은 철학자들이
답을 찾기 위해 매달렸지만,

미해결로 남아 있던 문제.

칸트는 그 문제를 해결하기 위해
역발상을 시도했어요.

대상으로부터의 감각에만
의존하는 것이 아니라,

지각 형식이 대상을 구성한다는 식으로요.

칸트는 대상을 떠올리고 개념화하는 원리가
우리 안에 내장되어 있다는걸
밝히고자 한 겁니다.

그래서 인식 체계를
감성과 **오성**으로 나눴어요.

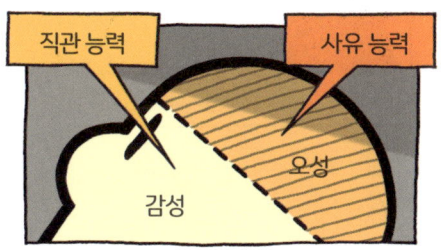

감성은 시간과 공간이라는 형식으로,
우리가 감각 재료들을 수용할 때 작동하는
직관의 틀이에요.

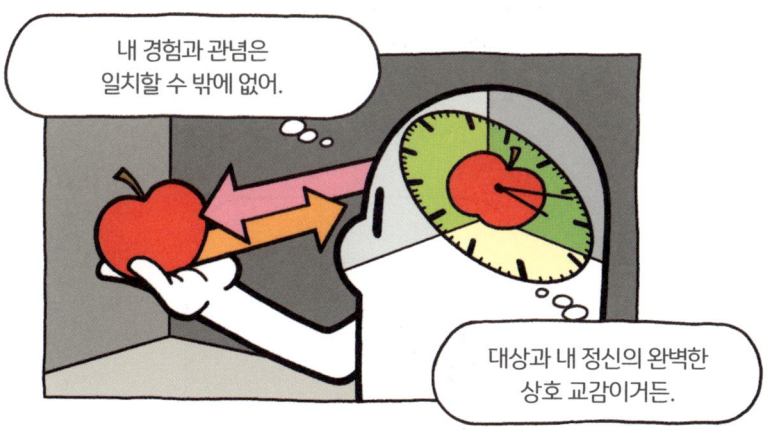

그렇게 직관을 통과한 정보는
또 다른 인식 체계를 거치는데

주어진 감각 자료들을
분류하고 종합하는 사고 능력.

칸트는 그걸 **선험적 오성**이라고 했어요.

오성은 열두 개의 범주로 이루어진 형식인데
해석하고 조직하고 개념화하는 능력입니다.

이처럼 인간은 원래 가지고 있던
선천적인 인식의 틀로 대상을 구성해서
마주한 세계로부터 올바른 지식을 쌓아간다는.

다시 말해, 참된 지식의 기준은
대상이 아닌 우리 내부에 있다는 생각.

칸트는 자신의 이런 생각의
발견을 '코페르니쿠스적 전회'라고 불렀어요.

그리고 칸트는 인간의 인식 체계에 포함되지 않는
인식 너머의 물자체가 있을 거라고 가정했어요.

하지만 물자체를 알지 못하더라도
우리가 구성하는 현상 세계의 지식으로
충분하다고 보았죠.

어쨌든 칸트는 『순수이성비판』으로
"인간이 무엇을 어떻게 알 수 있는가?"란 물음에 답했고,

이어지는 저작 『실천이성비판』에서는
"인간은 어떻게 살 것인가?"

『판단력 비판』으로는
"인간은 무엇을 바랄 수있는가?"라는 물음에 답했어요.

변증법적 사유는 현실이 된다

헤겔
Georg Wilhelm Friedrich Hegel

1770 - 1831

우리는 종종 고정관념에 얽매이기도 하고
자기 신념에 취해
보고 싶은 것만 보면서 안주할 때가 있다.

그러나 헤겔은 신념 속에 잠자는
자기 부정을 외면하지 말고
역사의 주된 인식에 내포된 모순을
직시해야 한다고 했다.

끊임없는 반성과 자기부정을 동력으로 삼아
역동적인 역사를 바로 알아가는
이성의 변증법적 발전 과정이
곧 올바른 현실이라고 보았다.

게오르그 빌헬름 프리드리히 헤겔은
긴 이름만큼이나 철학사에 기나긴 자취를
남긴 인물이다.

인식론, 논리학, 존재론, 형이상학 등을 아우르는
그 사상의 분량이 방대할뿐 아니라

내용의 난해함이 전공자들마저
겁에 질리게 할 정도이기 때문이죠.

오죽하면 독일 사람들이 종종
이런 말을 할 정도라니까요.

게다가 헤겔은 자신의 주장 곳곳에 해석을
달리할 여지를 남겨두었기 때문에,

어떤 경우 급진적인 진보 혁명 사상의
바탕이 되는가 하면,

때론 독재나 전체주의에
이념적 단초를 제공했다는
오명을 쓰기도 합니다.

나폴레옹을 찬양했다가
프로이센 독재를 옹호했다고!

프로이센에 대해 좀 아슈?

그런가 하면 신의 목적과 섭리에 관한
신정론에 천착하는 이들도 있죠.

헤겔의 사변철학은
일종의 신학입니다.

시끄럽다.

우리에게 그리스도교의 신은
특정 종교에 해당하는 신앙의 대상이지만,

그들에게 창조주 '신'은
오랜 시간에 걸쳐 체득된
보편 관념에 가깝거든요.

근대철학자들은 중세 신학과
스콜라철학의 전통에서 벗어났다고는 하나,

데카르트, 스피노자, 로크,
라이프니츠, 칸트 등은 모두
그리스도교 감성의 토양 위에서 사유했고,

특히 헤겔은 당시 저명한 튀빙겐 대학의
신학부를 다녔으니까요.

신앙으로 믿고 안 믿고를 차치하고
서양문화권에서는 그리스도교 감성이
일반적인 관념이나 관습처럼 체화돼 있어요.
그 사실을 배제하거나 간과하고서
서양 철학자들이 사유할 때 신을 상정하는 것을
섣불리 철학적 한계로 규정하거나
단순한 범신론으로 해석하는 것은 조심스러운 일입니다.
그들의 철학을 더 난해하게 받아들일 우려가 있다는
얘기를 하고픈 겁니다.

헤겔 철학 아직 들어가지도
않았는데 벌써 어렵다.

헤겔의 시대에는 칸트의 철학이
가장 큰 영향력을 발휘하고 있었어요.

그런데 칸트가 미해결로
남긴 숙제가 있었죠.

그래서 피히테, 셸링 같은 철학자들이
그 문제의 해결을 시도했어요.

물자체라는 대상은 자아의 산물일 뿐이라는 둥,
자연과 물질은 정신이 외화되어 나타난 것들이라는 둥.

헤겔 역시 그 문제를 건드리며
칸트를 넘어서려 했어요.

헤겔은 선험적 인식구조를 제시한 칸트가
성급하게 인식의 활동을 제한했다고 비판했어요.
또 그 인식의 틀이 고정적이고 불변이라는 점도 문제 삼았어요.

그래서 헤겔은 이성의 영역을 가두지 않고
보다 넓게 확장시켜 이해했어요.

이성은 인식과 존재를 아우르기 때문에
당연히 진리로 나아갈 수 있다는 주장.

헤겔에 따르면 인간의 인식구조는
정태적이지 않고 계속 변합니다.

우주관이 천동설에서
지동설로 변하는 것처럼요.

선험적 구조는 부단히
역동적이며 역사적인 것이죠.

존재를 정립하면

그것의 부정인
'무'가 반정립하고,

그 모순은 다시 종합되어
생성이 되고,

생성은 또다시
정립이 되고,

끊임없이 자기 안의 부정을 발견하고 극복해가는,

그 지난한 여정 가운데
다양한 세계의 부분들을 겪으며
끝내 보편적인 총체적 진리에 도달하는.

그런 앎의 과정을 변증법이라고 부르죠.

다양한 변화의 과정을 살피며
실재를 알아가는 인식,
그로 인해 점차 현실로 드러나는 존재.

그렇게 인식론과 존재론을 통합한 헤겔의 철학은
자연스레 역사철학이 됩니다.

그것은 개별 이성들의 집합보다
더 큰 총체적 개념의 이성으로,

헤겔에 따르면 우주는
절대정신의 자기표현입니다.

스스로 보편적인 목적을 실현하죠.

절대정신은 현실과 역사를 관통하면서
개별 이성과 사건들에서 모습을 드러냅니다.

그 과정에서 우리는 굵직한 사건들과
눈에 띄는 위인들을 보기도 하죠.

헤겔이 예나에 있던 시절, 프랑스 혁명의 자유이념을 들고
보무도 당당하게 독일에 입성한
나폴레옹을 보았다는 것처럼 말이죠.

개별 인간들은 자신의 욕망을
성취하려고 과업을 달성하지만

그것은 신의 목적 달성을 위해 쓰여진 도구이며

우리는 때로 그들을 영웅이라고 여기기도 합니다.

우리는 극을 감상하면서 낱낱의 사건들을 보다가

극의 막바지에 이르러서야
주제와 의도를 파악하는 것처럼.

역사에 담긴 본질은
전체를 조망할 수 있을 때
비로소 알게 됩니다.

그래서 헤겔은 이렇게 말했어요.
절대정신의 근본 목표는 역사의 막바지에 이르러서야
오롯이 그 성취가 밝혀진다는 말이기도 해요.

어쩌면 그 말은 헤겔의 철학이야말로 언젠가 이해할 수 있으려면 힘들고 오랜 과정을 거쳐야 한다는 말 아닐까요?

난 영영 헤겔을 이해 못 할 거라는 말로 들리는데?

EPILOGUE

중세를 지나 숨가쁘게 달려온 근대철학의 여정도 이렇게 마쳤네요.

소감이 어떠세요?

음… 고대 때보다 좀 더 깊이 생각하게 된 느낌? 그리고 더 어려웠고.

참! 그리고 또.

철학자들이 존재와 인식에 관한 문제들에 더 많이 집중했던 것 같아.

맞아요. 그건 아마도 고대 철학자들이 다뤘던 자연철학이 과학의 영역으로 나눠졌기 때문이겠죠?

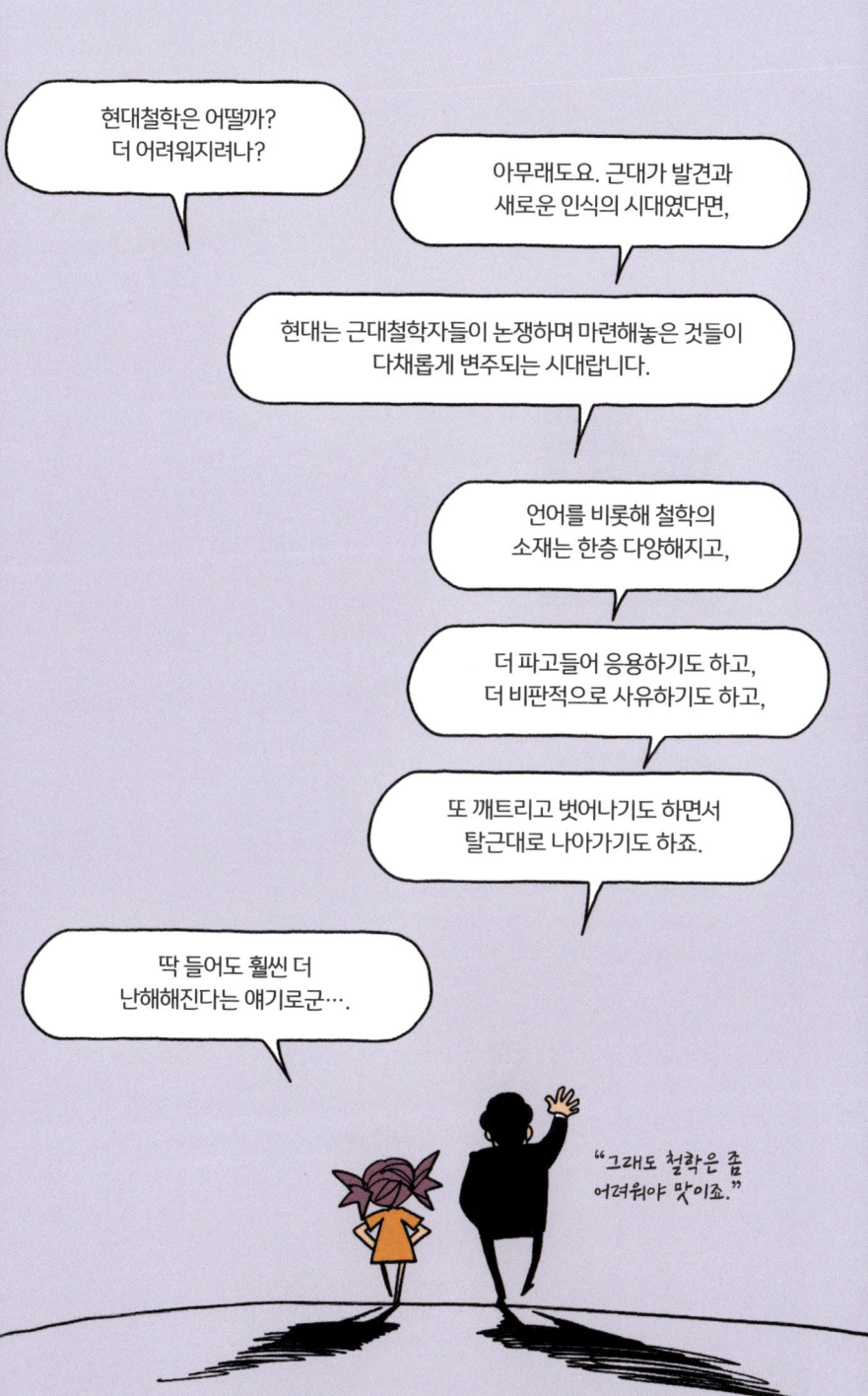

만 화 로 보 는
3분 철학
② 서양 중세·근대 철학편

초판 1쇄 발행 2021년 10월 27일
초판 14쇄 발행 2025년 6월 27일

지은이 김재훈, 서정욱
펴낸이 민혜영
펴낸곳 카시오페아
주소 서울시 마포구 월드컵로14길 56, 3~5층
전화 02-303-5580 | **팩스** 02-2179-8768
홈페이지 www.cassiopeiabook.com | **전자우편** editor@cassiopeiabook.com
출판등록 2012년 12월 27일 제2014-000277호

ⓒ김재훈, 서정욱 2021
ISBN 979-11-6827-001-5 03160

이 책은 저작권법에 따라 보호받는 저작물이므로 무단전재와 복제를 금하며,
책의 전부 또는 일부를 이용하려면 반드시 저작권자와 (주)카시오페아 출판사의
서면 동의를 받아야 합니다.

- 잘못된 책은 구입하신 곳에서 바꿔드립니다.
- 책값은 뒤표지에 있습니다.